1867

ALEXANDRE LASSUS

PREMIÈRE SÉRIE

—

PHOTOGRAPHIE A LA PLUME

ÉVARISTE CARRANCE

—

BORDEAUX

IMPRIMERIE EUGÈNE BISSEI

Rue Porte-Dijeaux, 48.

—

1867

EN PRENANT LE THÉ

A Madame la comtesse Blanche de C...

————~~~//:~\\w————

I

Madame, laissez-moi d'abord vous re-
mercier de la gracieuse hospitalité que
vous m'avez accordée il y a quelques

mois, lors de mon dernier voyage à Paris.
Les soucis des affaires, joints à l'ennui
d'une absence prolongée furent, par vos
soins, bien vite effacés.

C'est à vous, Madame, à qui je dois de
ne m'être pas laissé aller au décourage-
ment qui commençait à m'étreindre. C'est
vous qui m'avez montré les amis que
j'avais laissés au loin, travaillant avec
ardeur, surmontant les obstacles maté-
riels, et arrivant enfin. De cela aussi, je
vous remercie.

Ne serait-ce point trop de prétention,
Madame, que de vous demander s'il vous
souvient des quelques bonnes heures
que nous avons passé chez vous, dans

le petit salon bleu de la rue de Trévise,
au sein de notre comité bordelais?
— Pour moi, le souvenir ne s'en effacera
pas de sitôt de ma mémoire, non plus
que je n'oublierai l'excellent thé que
nous servait, le soir, votre bonne
Marguerite.

Je me rappelle aussi parfaitement,
Madame, que vous me fîtes promettre,
en prenant le thé, de vous faire, à mon
retour, les biographies ou plutôt biblio-
graphies des auteurs bordelais que nous
aimions à lire, et aussi la critique de
ceux que votre esprit droit et votre bon
sens naturel vous désignaient comme
indignes de vos encouragements.

Cette promesse, je viens la tenir au-

jourd'hui, et je vous livre ce petit por-
trait, bien humble, de la propre valeur de
son auteur, mais aussi bien fier du nom
illustre de la personne à qui il est offert,
comme un respectueux hommage.

II

J'étais seul — comme il m'arrive souvent — et je pensais à vous, Madame — comme il m'arrive plus souvent encore.

Je m'étais fait préparer une tasse de thé et je fumais, accoudé au gardefou de ma fenêtre, lorsque je vis, à quelques pas de moi, dans la rue, un jeune homme que j'avais beaucoup connu autrefois, avec qui même j'avais commencé mon rêve littéraire. L'absence seule était la cause du refroidissement de nos relations suivies.

Je me souvins alors que vous aimiez à lire ses œuvres, et je me décidai à commencer par lui la série biographique que vous m'aviez demandée.

C'est justement au moment où l'on me servait mon thé, que je commençais à écrire, ce qui explique suffisamment mon sous-titre : *En prenant le Thé.*

III

Il est — Dieu merci — de par la
France, une classe d'hommes intelligents,
aux sentiments élevés, à l'âme noble,
au cœur ardent ; s'occupant avec bonheur
de ce qui peut être utile ou agréable à
leurs concitoyens. Les uns sont des poè-
tes, des artistes ; les autres des adminis-

trateurs, des praticiens; et les autres, enfin, de simples industriels.

Ces hommes ne manquent point dans notre Gironde, et mille noms viennent se presser au bout de ma plume.

Tels sont : de Bouville, Brochon, Minier, Lavertujon, Lulé-Desjardins père, Lataste, T.-P. Desmartis, Laterrade, Saugeon, de Rattier, A. Faure, Carrance, etc., etc.

Ce sont, vous-même l'avez dit, Madame, ces hommes qui, par leurs œuvres, ont tout à la fois égayé et instruit nos réunions de la rue de Trévise.

Que nous étions heureux et fier en apprenant les améliorations et les embellissements qui s'opéraient dans notre chère cité, déjà si belle !

Quel plaisir n'éprouvions-nous pas lorsque vos doigts, errant sur le clavier, accompagnaient les strophes si bien inspirées de l'*Heureux séjour ;* comme nous dévorions les *Chants prosaïques.*

Oh ! je n'oublierai de longtemps les heures agréables que j'ai passées au sein du *comité bordelais.*

IV

Et maintenant, Madame, je dresse mon objectif et je commence :

En 1857, un petit carré de papier portant pour titre : l'*Écho littéraire*, parut à Bordeaux. Les articles étaient un peu déhanchés et décousus, violents par-ci, moroses par-là, ennuyeux quelquefois; mais qu'exiger d'une plume tenue par une main de seize ans. Ce furent là les premières armes de M. Évariste Carrance.

A la même époque parut *Léona,* ouvrage de peu de valeur comme roman. Le caractère des auteurs, car M. Carrance s'était assuré la collaboration de son ami, M. Eliacin Lévy, se dessina néanmoins tel qu'il était et tel qu'il serait à l'avenir. Depuis, en effet, M. Carrance (1), dans aucun de ses ouvrages, ne s'est montré prêchant une fausse morale ou défendant une mauvaise cause. Successivement : *Simple histoire;* les *Souvenirs de Rome;*

____

(1) M. Eliacin Lévy ayant fait différents voyages dans le Nouveau-Monde, nous ne savons s'il a continué d'écrire.

Aujourd'hui: le *Monde,* poème ; un *Dia de Fiesta*, et quelques poésies encore jeunes, encore faibles, occupèrent la plume de notre héros. Puis, pendant quelque temps, M. Évariste sembla se recueillir, la sève mûrissait en lui.

V

Tout à coup, un vent passe sur notre cher Bordeaux : tout ce qui pense, tout ce qui comprend, s'émeut ; les uns approuvent, les autres blâment. C'était le Spiritisme et ses folles doctrines, accompagné de ses médiums au cerveau fêlé. Bien des victimes tombent dans le piége. L'erreur est grande, le mal presque irréparable, il faut cependant un remède. un remède énergique. Il faut combattre en face ce mélange de charlatanisme et de jésuitisme.

Qui voit-on l'un des premiers sur la brèche? M. Évariste Carrance. Il n'attaque pas dogmatiquement; non, aux intéressés à le faire. M. Évariste *improvise* un roman, roman écrit avec style, avec feu, et surtout avec conviction profonde; c'est *Un peu de Spiritisme* qu'il intitule son ouvrage. L'intrigue en est simple, mais le dénoûment un peu forcé.

Un jeune homme est sur le point de contracter une union avec la fille de son patron. La jeune fille est belle; grande est la fortune, et, de plus, une maison parfaitement assise sera l'héritage des deux époux. Mais le destin en a disposé autrement. Un conseiller mal avisé, un jaloux peut-être, inspire au jeune Anselme l'idée d'assister à une séance spirite. C'en est fait, adieu son bonheur. Le voilà utopiste. La nuit, il croit voir des fantômes terribles lui reprocher ses erreurs d'une existence antérieure; puis, enfin, la raison succombe dans cette lutte inégale.... il devient fou!...

Ce petit roman est saisissant d'à-propos.

C'est alors que, de concert avec un autre homme de cœur, M. Amion Faure, et auquel se joint bientôt votre serviteur, notre héros fonde un journal. Sous ce titre : le *Contemporain*, ils vont défendre la doctrine humanitaire. On y voit *Un peu de Spiritisme, Encore du Spiritisme, A propos de Spiritisme,* par M. Évariste

Carrance, et quelques articles polémistes dus à la plume d'un rédacteur ordinaire du journal.

L'idée qui avait enfanté le *Contemporain* était une idée noble et généreuse. Elle était due en partie à MM. Amion Faure et Évariste Carrance. Il s'agissait, non-seulement de combattre l'utopie naissante, mais encore de *faire percer*, de *conduire* même de jeunes écrivains qui n'ont dû qu'à cette feuille de sortir du triste inconnu où ils étaient plongés.

Dès cet instant, M. Carrance ne s'appartient plus. Il écrit, il écrit toujours et sans cesse. C'était hier, *Il pleuvait*; aujourd'hui le *Duc de Clarence*; ce sera demain *Dans un verre d'eau ;* puis la *Fosse blanche,* en attendant le *Prix d'une bécasse,* le *Marquis de Fornas* et *Lambertine.* Sa plume est trempée fortement ; elle produit, elle produit sans paix ni trève.

Vers cette époque où paraissait le *Contemporain,* la guerre ou plutôt le martyre de la Pologne recommença. Des quêtes, des souscriptions se font de toutes parts ; à Bordeaux, autant qu'ailleurs, la Pologne est sympathique. On organise des fêtes et des spectacles en faveur de cette pauvre victime de la Liberté. Notre poète n'est pas assez riche pour ajouter son obole à celle des grands et des puissants, mais il apporte modestement son travail, il fait le bien avec son talent, ne le pouvant faire avec sa bourse. Sur le théâtre des *Folies-Bordelaises,* aujourd'hui *Gymnase-Dramatique,* on déclame une *Ode à la Pologne,* chaude pièce de vers acclamée et bissée par un millier de spectateurs enthousiasmés.

En voici une strophe prise au hasard :

Entendez-vous le cri de la pâle victime
Dont l'écho retentit jusqu'au-delà du Tyr,
C'est le cri de la mère à l'approche du crime
C'est le peuple assassin, c'est le peuple martyr !

. . . .

Depuis longtemps, M. Évariste Carrance est connu en province. Le *Journal des Landes,* le *Journal de Domfront,* la

Presse Grayloise, la *Muse Gauloise*, le *Journal de Dreux*, etc., etc., reproduisent les articles du *Contemporain;* mais le *Contemporain* meurt; notre jeune champion, pour cela, n'abandonne pas la lice : trente journaux lui sont ouverts. Il suffit à tout : plus ou moins heureusement, ici une nouvelle, là un conte, à un troisième un roman, pendant que d'autres n'ont que quelques poésies ou de simples anecdotes.

M. Carrance est *poète*, mais il n'est pas *faiseur de vers*. La prose — au contraire de Méry — lui est plus facile, ce qui ne l'empêche pas de publier un acte en vers : *En province.* Aussitôt parue, l'auteur ne trouve pas son œuvre assez riche pour lui ; vite il se remet à la besogne, et bientôt nous le verrons triomphant de la difficulté *rimatoire*.

Un peu avant *En province*, nous avions eu une étude médicale, car M. Carrance veut tâter de tout, c'était le *Croup et l'angine couenneuse*, publié en brochure ; c'est un sentiment de reconnaissance envers un homme digne de l'estime de tous, le docteur T.-P. Desmartis, qui fait imprimer cet opuscule ; plus tard viendront, le *Phénol sodique*, inséré le 14 décembre 1865 dans les *Mondes*, journal de sciences, dirigé par l'abbé Moigno, à Paris ; puis une troisième étude médicale, l'*Aya-Pana*, publiée récemment.

Le *Roi des Pêcheurs*, roman, paraît après *En province*. Là, Madame, je vous laisse juge. Vos émotions, vos craintes, vos colères même, disent assez la valeur de cet ouvrage.

Le moment de prendre sa revanche est arrivé pour le poète. Nous avons cette fois un tout petit livre, tout charmant, une gentille comédie : *A vingt ans*. Du style, de la forme, de la verve, de l'entrain, une intrigue bien menée et d'assez bons vers, voilà l'œuvre.

M. Carrance me permettra sans doute de lui adresser un reproche, c'est celui-ci : Pourquoi donc a-t-il fait représenter *En province* et non pas *A vingt ans* ?

Est-il donc si peu soucieux de son honneur d'écrivain qu'il laisse planer sur lui l'impression produite par *En province?* Mais espérons-le, ce qui est différé n'est pas perdu.

Nous lui adresserons, du reste, le même reproche pour ses *Toqués*, dont, avant moi, plusieurs ont fait l'éloge.

Quand je vous aurai dit, Madame, qu'à vingt-cinq ans, M. Évariste Carrance a publié la valeur de dix gros volumes et qu'il a dans ses cartons à peu près autant d'œuvres qui n'ont pas encore vu le jour, vous ne vous étonnerez plus des marques de distinction qui sont venues assaillir notre héros.

Lamartine et Hugo lui ont chacun adressé un souvenir précieux de leur bienveillante sympathie. Le roi de Wurtemberg l'a honoré d'une médaille d'or ; sept Sociétés de sauvetage l'ont appelé dans leur sein.

Il ne me reste plus qu'à vous signaler deux opuscules : *Les Sauveteurs*, monument élevé à la gloire de ces hommes courageux qui ont pris pour devise : « le bien pour tous et par tous », et la *Charité internationale*, ce dernier ouvrage fait en collaboration avec le docteur T.-P. Desmartis (1).

____

(1) J'apprends à l'instant que ces deux auteurs s'occupent de la publication de l'*Almanach des Sauveteurs*, vendu au profit des inondés.

Voilà, Madame, comment j'entends la biographie d'un écrivain. Il me paraît que le meilleur moyen de le faire connaître est d'analyser ses œuvres aussi impartialement que je l'ai fait ici.

Bientôt, j'aurai l'honneur de vous faire

parvenir, du même auteur : *Une brioche*, un acte en vers ; les *Récits du soir*, un fort volume, et les *Contes bleus*, nouvelles.

Si le genre de ce modeste travail vous plaît, Madame, je me ferai un vrai plaisir et un doux devoir de passer en revue, les uns après les autres, les principaux membres du cénacle bordelais.

Agréez, Madame, avec mes plus sin-cères respects, l'assurance de ma haute considération.

Alexandre LASSUS.

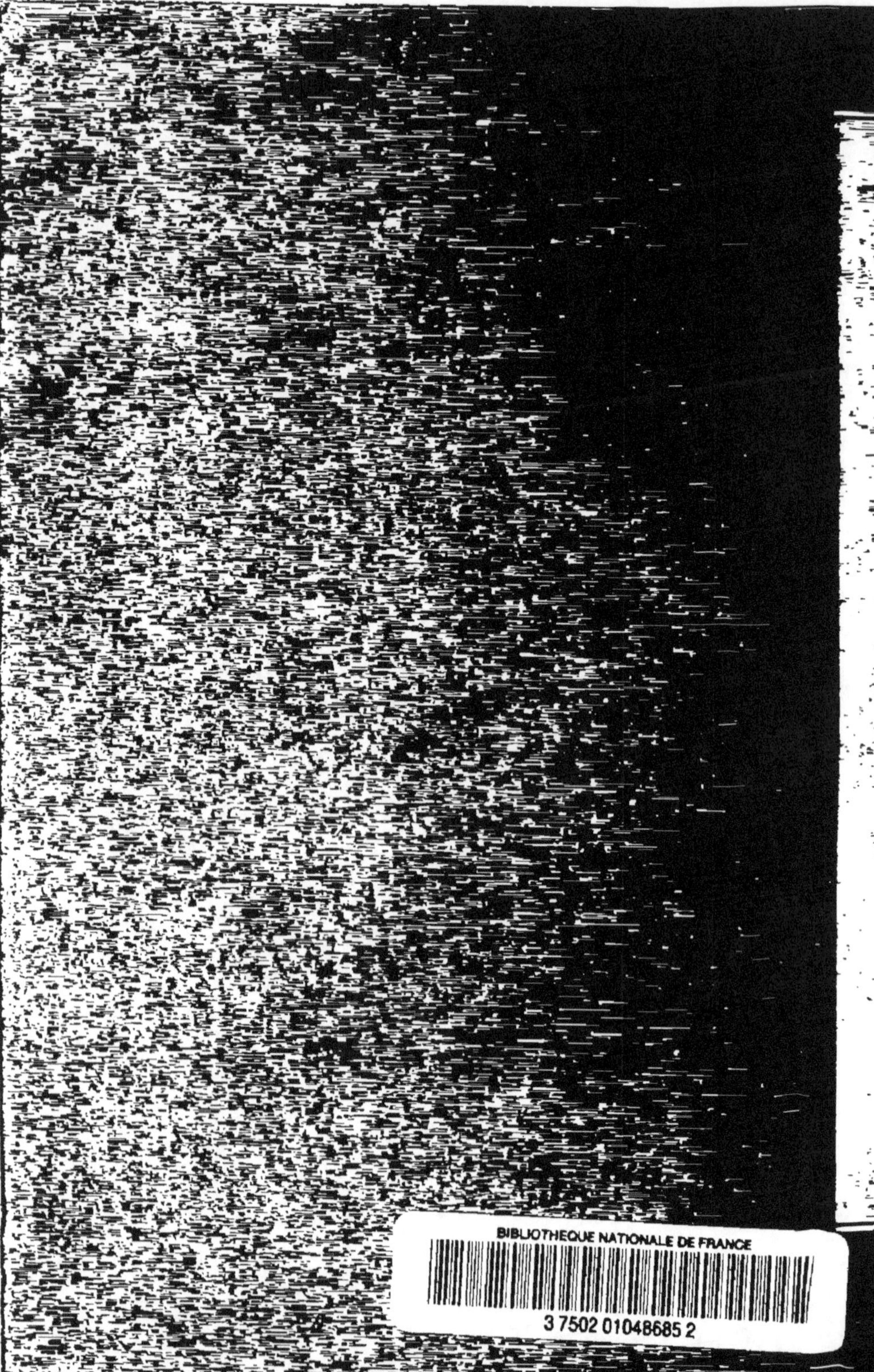

9 782011 792020